ジュニア学習者

の全て

犬

シャーロット・ソーン

著作権は Thomasine Media 2023 にあります
画像はライセンスが付与されており、それぞれの所有者に属します。
www.thomasinemedia.com
ISBN: 9798869000774

の全て

犬

犬は人間の親友とも呼ばれます。
彼らは非常に長い間人々とともに
生きてきた素晴らしい動物です。

犬の家畜化はハイイロオオカミにまで遡ります。家畜化とは、人間が動物を飼いならして一緒に暮らすことを意味します。

品種改良のおかげで、人間は
犬にさまざまな種類の仕事を
生み出しました。

古代エジプトでは、アヌビス神はジャッカルの頭を持っていましたが、これは犬に近い動物でした。

ヨーロッパの有名な洞窟壁画には、古代の人間が古代の犬とともに狩猟を行っている様子が描かれています。

戦争中、犬は戦争動物として働き、危険な仕事をする兵士を助けました。

犬はイヌ科に属します。イヌ科に
は、オオカミ、キツネ、その他の野
生の犬も含まれます。

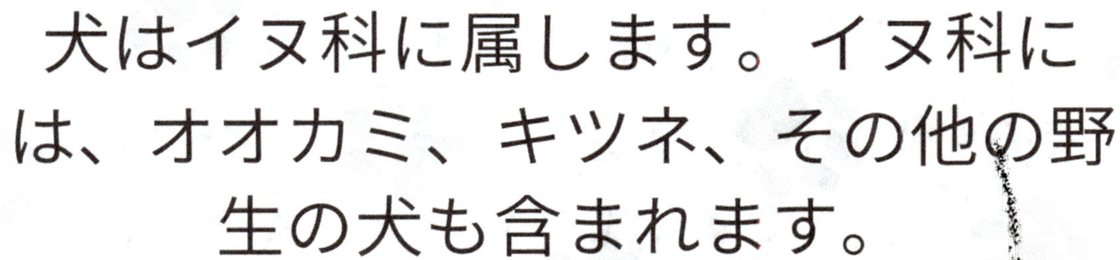

犬は3億個の受容体を持っているため、さまざまなものの匂いを嗅ぐことができます。

彼らの聴覚は信じられないほど素晴らしいです。彼らは私たちには聞こえない高周波音を聞くことができます。

世界中には有名な犬がたく
さんいます。

ラフ・コリーのラッシーは、本、映画、
テレビのアイコンです。彼女は救助活動
で知られています。

1925年、ハスキーのバルトは犬ぞりチームを率いてアラスカを横断しました。彼らは病気の人間に重要な薬を届けました。

ジャーマン シェパードのリン ティン
ティンは、最も有名な犬俳優の１人
であり、世界初の犬映画スターと考
えられています。

さまざまな犬種を見てみましょう。

ラブラドールレトリバーはフレンドリーな犬です。彼らは水を愛しています。

ジャーマンシェパードは賢くて強いです。彼らは使役犬であり、保護的な特性を持っています。

ゴールデンレトリバーは遊び好きで人気のある犬種です。彼らは美しくて個性に満ちています。

ブルドッグはしわが寄っていて、ずんぐりとした体をしています。愛情深い子犬たちです。

ビーグルは好奇心旺盛な犬で、狩猟に使用されます。彼らは垂れた耳を持っています。

プードルは犬種の中でも最も賢い犬種のひとつで、ファンシードッグとして知られています。

ロットワイラーは力強い犬です。愛らしい赤ちゃんたちです。

ヨークシャー テリアは小さなエネルギーの塊です。彼らは長いコートを着ており、ハンドバッグで旅行するのが大好きです。

ボクサーは遊び心のある子犬です。彼らは四角い頭を持っており、アクティブであることが大好きです。

ダックスフントは長い「ホットドッグ」犬であり、ユニークな犬種です。彼らは小さな体に大きな精神を持っています！

シベリアン ハスキーはそりを引き、とても声が大きく、人懐っこい犬です。目も鮮やかな青い色をしています。

ドーベルマン・ピンシャーは、滑らかで強い犬です。彼らは保護者です。

シーズーは小型の愛玩犬です。彼らはとてもフレンドリーなペットです。

グレートデーンは非常に背の高い犬です。とても甘いものになるかもしれません。

ボーダーコリーは機敏で賢いです。彼らはたくさんのエネルギーを持っています。

シェットランド・シープドッグは聴導犬です。彼らは毛皮の厚いたてがみで知られています。

チワワは小さいですが、大きな心臓を持っています。彼らは尊敬されると優しいです。

ウェルシュ・コーギー・ペンブロークは小さいですが、大きな耳を持っています。驚いたことに、彼らは聴導犬なのです。

セントバーナードは救助活動で知られています。彼らは優しい巨人です。

オーストラリアンシェパードは賢くて機敏なペットです。彼らは牧羊犬として働いています。

パグは小さくてシワシワの可愛い子です。彼らはとても遊び好きですが、頑固な性質を持っています。

アラスカン・マラミュートはそり犬であり、寒い気候でも生きられます。

オーストラリアンテリアは小さく、被毛が粗いです。彼らは素晴らしいペットになります。

バセンジーはヨーデルのような鳴き声を持っています。彼らは非常に賢くて独立した犬です。

ビション・フリゼは雲のように見えます。彼らは陽気な性格を持っています。

ブラッドハウンドは垂れ耳と優れた嗅覚を持っています。救助にも使われています。

ボストンテリアは
タキシードコート
を着ています。人
懐っこい子犬たち
です。

キャバリア・キン
グ・チャールズ・
スパニエルは、最
高の性格と美しい
被毛を持っていま
す。

コッカースパニエルは長くて絹のような耳を持ち、高級感があります。

イングリッシュ・マスティフは巨大な犬です！穏やかで可愛いですね。

秋田犬は高貴なペットです。彼らは厚い毛皮で知られています。

マルチーズは上品な小さな白い犬で、注目を集めるのが大好きです。

バーミーズ・マウンテン・ドッグは非常に大きいですが、とても穏やかです。

ポメラニアンはふわふわした小さな犬です。彼らは大胆な性格を持っています。

ローデシアン・リッジバックの背中には「尾根」のような毛が生えています。狩猟に使用されます。

アイリッシュ セッターはエレガントで活発な犬です。彼らは社交的な美人たちです。

パピヨンの耳は蝶のように見えます。彼らはフレンドリーなかわいい子たちです。

ウィペットは非常に速く、非常に機敏で、人間に対して優しいです。

シャーピーはとてもシワシワです。彼らは忠実で保護的な犬です。

ダルメシアンは元気いっぱいの犬で、消防署の公式シンボルです。

犬は毎日人間を助けています。

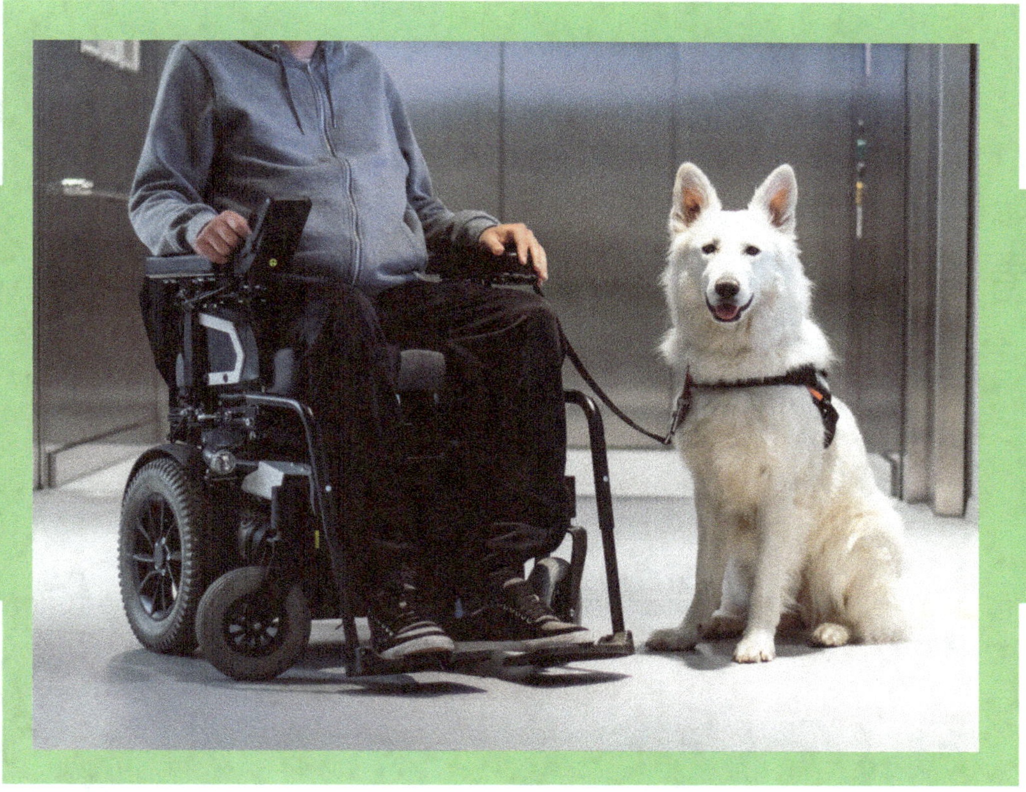

多くの犬が介助動物として働き、
障害のある人々を助けています。

災害時に行方不明者
の捜索活動を行う捜
索救助犬。

犬は警察と協力して働いています。訓練に合格しなかった子犬は、愛情深い家族のもとに引き取られます。

セラピー犬は、病院や公共の安全
にいる人々に精神的なサポートを
提供します。

犬は私たちの日常生活の重要な一部です。犬の世話をするのは大切です。彼らは働き者であるだけでなく、私たちの大切な家族の一員でもあります。

こんにちは！この本はアメリカで出版されました。ぜひ反対側からも読んでみてください！ありがとう！

www.ingramcontent.com/pod-product-compliance
Lightning Source LLC
Chambersburg PA
CBHW081402160726
48000CB00010B/3453